Par Fr. Nau ou par Pierre Jean-Baptiste Nougaret, d'après Quérard

LA GRIPPE,
COMÉDIE ÉPISODIQUE,
EN PROSE ET EN UN ACTE;

SUIVIE de Réflexions curieuses & amusantes, sur l'état actuel du Théâtre Français.

Par M. ****.

Prix 1 liv. 4 sols.

A PARIS,

Chez JEAN-FRANÇOIS BASTIEN, Libraire, rue du Petit-Lyon-S. G.

M. DCC. LXXVI.

AVEC APPROBATION ET PERMISSION.

(2)

PERSONNAGES.

M. ANODIN, *Médecin.*
Mde CAILLETTE, *Petite-Maîtresse.*
Mde PRINTEMS.
Mde MITOUFLET.
Mde AULNIN, *Marchande de Draps.*
Mlle LOLOTTE.
NICETTE, *jeune Paysanne.*
M. RAFLE, *Procureur.*
UN VIELLARD.
SANDIS, *Gascon.*
M. CATASCOPOS.
GROS-GÉNIE, *Compositeur de Musique.*
UN IVROGNE.
PIERROT.

Troupe d'Enrhumés & d'Enrhumées, qui viennent former une danse singulière, avec deux Goutteux.

La Scène est à Paris, chez Mr. Anodin.

LA GRIPPE,

COMÉDIE ÉPISODIQUE.

SCÈNE PREMIÈRE.

ANODIN, *seul.*

Il faut avouer que Paris est une Ville bien agréable pour les gens d'esprit ! On y fait des duppes beaucoup plus facilement qu'ailleurs. Je m'y suis donné pour habile Médecin, & les Malades viennent à moi de toutes parts. On m'y croit sur-tout fort expert à guérir de la Grippe ; mais la peste m'étouffe si je connais cette maladie-là que par le nom singulier qu'elle porte. La Grippe !..... Elle a sans doute été nommée de la ſorte par quelque Juif ou par quelque Huiſſier. Tout ce que je ſais de cette maladie, c'eſt qu'elle fait beaucoup touſſer, & qu'elle fait gagner beaucoup d'argent aux Médecins, aux Chirurgiens & aux Apothicaires. Je lui ſuis auſſi redevable de ma fortune : à quelque choſe malheur eſt bon. Voyons s'il n'y a point de fautes d'impreſſion dans l'avis que je vais faire répandre dans le public. (*Il lit.*) « A tous les » Enrhumés préſens & à venir ; avis très- » important. Le Sieur Anodin, Médecin » comme il n'y en eut jamais, guériſſant » ſes malades en trois jours, trois heures, » trois minutes, trois ſecondes, eſt poſſeſ- » ſeur d'une Liqueur merveilleuſe, qui dé- » racine les Grippes les plus invétérées ; » euſſent-elles été occaſionnées par le froid » d'une Pièce nouvelle. En buvant une » cuillerée de cette eau, dont la propriété » eſt ſurprenante, on peut aller ſans crainte » au plus épais brouillard ; on ſe trouve- » rait même ſans ſe glacer auprès d'une » vieille coquette. Le Sieur Anodin de- » meure à Paris, rue des Lombards, chez » un Confiſeur, à l'enſeigne du pain de » Sucre. » (*Après avoir lu.*) J'aurais pu me passer de publier cet avis, car je suis assez connu; mais je veux avoir un carrosse & deux terres bien titrées........ J'entens quelqu'un tousser; c'est sans doute une pratique.

SCÈNE II.

Mde CAILLETTE, ANODIN.

Mde CAILLETTE, *toussant d'une manière qui annonce une poitrine très-délicate.*

HEM! hem! Je suis excédée, anéantie. Monsieur, j'ai recours à votre Art.

ANODIN.

Avez-vous la Grippe depuis long-tems, Madame?

Mde. CAILLETTE.

Quelle expression ignoble! Est-ce qu'une femme comme moi a la Grippe? C'est bon pour le peuple. Dites que j'ai la poitrine affectée.

ANODIN.

Vous avez raison, Madame; je vous

prie d'excuſer mon ignorance des termes nouveaux. Et cette *affection* eſt-elle bien ancienne ?

Mde CAILLETTE.

Je m'en ſuis reſſentie dès que l'influence des Rhumes a commencé. Cela pouvait il être autrement, délicate comme je ſuis ? Le moindre changement dans l'air me rend malade à périr; c'eſt au point, que dans l'Eté la roſée & le ſerein me cauſent une extinction de voix.

ANODIN, *lui préſentant une bouteille de ſon eau.*

Prenez chaque matin une cuillerée à bouche de cette eau ; & je vous réponds, Madame, que vous ne ſerez plus déſagréablement affectée par l'intempérie des ſaiſons.

Mde. CAILLETTE.

Mais, Monſieur, je ne veux point être guérie de mon Rhume.

ANODIN.

Que prétendez-vous donc, Madame ?

Mde CAILLETTE.

On a le plaiſir de garder la chambre, de recevoir des viſites, de reſter dans un deshabillé galant, & d'aller même au Spectacle dans un négligé qui sied toujours aux jolies femmes.

ANODIN.

Vous voulez garder votre Rhume ! Permettez-moi de vous le dire, voilà un caprice auquel je ne m'attendais pas. Mais que desirez-vous de moi ?

Mde CAILLETTE.

Une chose toute simple. Je serais charmée de tousser d'une façon particulière. Si je vais au Spectacle, & que je me mette à tousser, aussi-tôt c'est un bruit général; on ne m'entend point, je suis confondue avec tout le monde ! Ne pourriez-vous pas remédier à cela, mon cher Docteur ?

ANODIN.

Rien de plus facile. J'ai une certaine eau dont je ne gratifie que les personnes qui méritent le plus de considération. Je vous promets qu'elle vous donnera une toux perlée.

Mde CAILLETTE.

Oh ! c'est divin. Vous êtes un homme

unique. Et combien vendez-vous la petite bouteille ?

ANODIN.

Un louis d'or ſeulement.

Mde CAILLETTE.

Ce n'eſt guères la peine de s'en paſſer. Faites-en porter tout de ſuite deux douzaines dans ma voiture ; j'en veux faire préſent à mes amies, qui ſeront charmées auſſi de ſe diſtinguer du commun. Une toux perlée. Que j'aurai de plaiſir ! Une toux perlée ! .... Mais, au moins, le goût de cette eau n'eſt pas déteſtable ?

ANODIN.

C'eſt un Elixir délicieux. Le ſirop de Violette n'eſt rien auprès.

Mde CAILLETTE.

Vous devez en avoir un débit prodigieux ; car tout le monde eſt horriblement enrhumé.

ANODIN.

Si j'en voulais vendre à tous ceux qui ſe préſentent, je n'y pourrais ſuffire. Mais il faut que les Acheteurs vulgaires ſe contentent de mon eau la moins précieuſe.

Mde CAILLETTE.

On est flatté d'obtenir la préférence. Il est si désagréable de tousser comme les gens du peuple ! Avec cela, on change à faire peur. Pour moi, je n'ose me regarder dans mon miroir. (*Elle tousse.*) Hem ! hem !

ANODIN.

Votre teint, Madame, conserve toute sa fraîcheur, & vous avez même une grâce infinie à tousser.

Mde CAILLETTE.

Vous êtes galant, Monsieur le Médecin : on voit bien que vous êtes à la mode. Mais parlons sérieusement. Ne devriez-vous pas débarrasser promptement la société de ces Rhumes éternels ? Ils lui font un tort considérable. On est étourdi du bruit qu'ils occasionnent. On n'entend au Spectacle que tousser, moucher, cracher. Les précautions qu'ils forcent de prendre, sont au point, que les jolies femmes ne restent plus que deux heures à leur toilette. Pour comble de malheur, ces charmans colifichets dont nous faisons nos délices, les Petits-Collets, sont hors d'état de fredonner les Ariettes nouvelles.

ANODIN.

L'eau merveilleuſe que je diſtribue va remettre les choſes dans l'ordre.

Mde CAILLETTE.

Adieu, Monſieur, je cours la prôner à tout Paris. Une toux perlée ! Cela ſera charmant. Une toux perlée ! (*Elle ſort.*)

ANODIN, *ſeul.*

Il me faudrait beaucoup de pratiques comme celle-là. Ce n'eſt pas ſeulement à guérir ſes malades, que conſiſte l'habileté d'un Médecin; il doit exceller ſur-tout dans l'art de flatter leur manie.... Mais que vois-je?.... voilà une figure bien pédanteſque.

SCÈNE III.

CATASCOPOS, ANODIN.

CATASCOPOS.

SALUT. Vous avez le bonheur d'avoir peint dans le fond de votre œil un ſavant des plus illuſtres.

ANODIN.

Quel langage!

CATASCOPOS.

C'eſt-à-dire que vous avez le bonheur de me voir. Vous ſavez que les rayons divergens de chaque objet, venant frapper la rétine viſuelle.... Néomimos... Ephébos...

ANODIN.

Eh! Monſieur, humaniſez-vous, parlez tout ſimplement.

CATASCOPOS.

Par le Bathos! je n'ai garde: il faut bien que je me montre expert dans la langue Grecque, tout en m'exprimant dans l'idiôme le plus vulgaire.

ANODIN.

Mais, Monſieur, je vous crois ſavantiſſime: ainſi vous pouvez....

CATASCOPOS.

A la bonne-heure. Je m'appelle Cataſcopos, rétif aux préjugés populaires, & je viens.....

ANODIN.

Oui, je vois que vous avez la Grippe, & je.....

CATASCOPOS.

O ciel, quel blaſphême! eſt-ce que j'ai le tems de m'enrhumer, moi qui pâlis jour & nuit ſur mes nombreux manuſcrits? Je vais à l'inſtant vous diſſéquer....

ANODIN.

Ah! c'eſt fait de moi, je ſuis mort.... Eh, Monſieur, ne me diſſéquez pas.

CATASCOPOS.

Vous me feriez rire, ſi je n'en avois perdu l'habitude. Je voulais dire que j'allais vous diſſéquer, avec le ſcalpel du raiſonnement, la maladie vulgairement appellée Grippe.

ANODIN.

Pourquoi ne pas vous expliquer d'abord?

CATASCOPOS.

Vous m'avez interrompu au milieu de ma période. Ecoutez bien : on s'imagine que la Grippe eſt un effet du mauvais air; & moi je dis qu'elle eſt plutôt occaſionnée par les mauvais Auteurs. Voici comment je le prouve : il n'y a jamais eu tant de pitoyables Ecrivains, tant de Poètes à la douzaine; il n'y a jamais eu auſſi tant de

Rhumes : vous voyez bien que l'un eſt une ſuite de l'aûtre.

ANODIN.

Vous raiſonnez d'une manière unique, Monſieur Cataſcopos.

CATASCOPOS.

Oh ! moi, je ſuis fort pour les idées ſingulières. Voulez-vous que je vous pouſſe mon argument en forme ? Tenez, le voilà dans toutes les règles du ſyllogiſme : lorſqu'il n'y avait que de bons Auteurs, la Grippe ne régnait point ; or, elle règne actuellement qu'il y a un ſi grand nombre d'Ecrivains médiocres ; donc les mauvais Auteurs ont fait naître la Grippe.

ANODIN, *en riant.*

Votre argument eſt ſans réplique.

CATASCOPOS.

Je vais plus loin, & je démontre mon ſyſtême par le raiſonnement. Tout ce qu'on lit va ſe placer dans le cerveau, qui eſt le ſiége de la mémoire ; & c'eſt pourquoi la Grippe commence d'abord par la tête. La glande pinéale, ſe trouvant déſagréablement affectée par les platitudes & les froideurs des Brochures & des Pièces nouvelles, cause de violentes migraines, des rhumes de cerveau; l'humeur se fond, tombe sur la poitrine : & telle est l'origine de la Grippe, dont tout le monde se plaint.

ANODIN.

Je ne vois qu'une chose à redire dans votre systême : les personnes qui ne lisent point & qui ne vont jamais au spectacle, ont aussi la Grippe : comment la gagnent-elles?

CATASCOPOS.

Par les corpuscules glacés & tortus qui s'échappent journellement à travers les pores des mauvais Auteurs.

ANODIN.

C'est-à dire que ces Messieurs inoculent partout la sottise & la Grippe.

CATASCOPOS.

Eh sans doute.

ANODIN.

Quel remède trouvez-vous à cela?

CATASCOPOS.

Oh! c'est ici que je brille. Admirez la force de mon génie, & la beauté de mes vues patriotiques. La Grippe étant une maladie dangereuſe, l'Etat ne doit rien épargner pour la détruire : il eſt donc de ſon intérêt qu'il me faſſe une forte penſion, & qu'il ordonne que mes ouvrages ſoient ſeuls lus dans toute la France; afin que leur ſublimité, donnant un nouveau cours aux eſprits animaux, réchauffe, fortifie & détruiſe à jamais les fluxions de toute eſpèce.

ANODIN.

Mais, Monſieur Cataſcopos, que deviendrait mon eau merveilleuſe?

CATASCOPOS.

Oh! mes Ecrits ſont encore plus merveilleux. Il eſt vrai qu'ils ne ſe vendent pas; mais ce n'eſt ni ma faute, ni celle du Libraire. Je veux bien vous en faire préſent. (*Il appelle.*) Hola! petit apprentif, amène ici la monture, & dépoſe ſon précieux fardeau.

(*Un âne paraît, conduit par un petit garçon, & chargé d'un gros balot.*)

ANODIN.

Miſéricorde! un âne, Monſieur Cataſcopos!

CATASCOPOS.

Ne craignez rien ; c'eſt un de mes diſciples ; je m'amuſe à lui donner de l'éducation.

ANODIN.

Je vois qu'il eſt chargé de ſciences ; mais il n'en eſt pas moins un âne : de même bien des gens, gonflés de grec & de latin....

CATASCOPOS.

Je vous fais grace de l'application. Vous allez lire.....

(*L'âne regimbe, ſe cabre, caracole, &c.*).

Ah ! tu fais le rétif, mon âne, tu fais le rétif. (*Au Médecin, après que l'énorme ballot eſt enfin mis à terre.*) Monſieur le Docteur, vous allez voir quels ſont mes Romans, & mes projets.....

(*Il ouvre le ballot, & il en ſort une épaiſſe fumée, & une quantité prodigieuſe de rats.*)

Dieux !... C'eſt un tour que l'on me joue. Sauvons-nous, ſauvons-nous ; abandonnons le genre humain à la Grippe.

(*Il ſort furieux.*)

ANODIN, *ſeul.*

Des rats & de la fumée !... Voilà bien ce

ce qui résulte ſouvent de la plûpart des écrits modernes.

SCÈNE IV.

NICETTE, PIERROT, ANODIN.

PIERROT, *il touſſe.*

MONSIEU le Médecin, je venons vous prier de nous guarir de la Grippe.

ANODIN.

La choſe eſt très-aiſée.

NICETTE.

Vous ſaurez que je nous aimons, & que ſte vilaine toux-là nous empêche de nous parler à chaque inſtant de note amour.

PIERROT.

Oui, alle me rend tout choſe. Quand je ſis auprès de Nicette, je voulons li dire comme ça de petites drôleries, ſelon note accoutumance : eh ben, ne v'la-ti pas ſte coqueluche qui me prend, & au lieu d'eun biau difcours, je ne pouvons que faire, heu ! heu ! heu ! (*Il touffe.*)

ANODIN.

Je vous plains, Monfieur Pierrot.

NICETTE.

Dame ! vous avez ben raifon. Y m'eft avis que fon rhume me fait bieaucoup pus de mal que le mian, voyez-vous.

ANODIN.

C'eft que vous êtes trop fenfible, belle Nicette.

PIERROT.

Morgué ! eft-ce que vous croyez que les amoureux de la campagne font comme ceux de la ville, qui reftons tout eun jour à fe regarder, ni pus ni moins que des ftatues ? Oh ! nous autres je jafons auffi bellement que des pivars & des moineaux.

NICETTE.

C'eft ben vrai çà : mais à préfent je ne pouvons pus nous dire de fuite deux petits mots d'amiquié.

ANODIN.

La Grippe ne fera pas toujours la feule chofe qui vous en empêchera.

PIERROT.

Ah ! vantregué ! est-ce qu'il y aurait encore queuque maladie qui baillerait du tintoin à note amour ?

ANODIN.

Oui vraiment, & c'est l'inconstance.

NICETTE.

Je ne connaissons point ste maladie-là au Village. Stapendant que faut-y faire à cerfin de ne pas la gagner ?

ANODIN, *en riant.*

Ma foi, je n'en sais rien ?

PIERROT.

Qu'alle vienne, qu'alle vienne ; je m'en gausse ; je ferons comme à présent : malgré la Grippe, je sis fou de Nicette.

NICETTE.

Eh, moi donc ! Les Rhumes, les Coqueluches ne saurions me faire oublier mon Piarrot. (*à Pierrot.*) Acoute, comme le cœur me bat pus fort après que j'ai ben toussé, y m'est avis alors que je te voyons.

PIERROT.

Tians, Nicette, la Grippe m'empêche

de dormir presque toutes les nuits ; je ne faisons que tousser & me retourner quand je sis couché ; mais tout ça m'est égal, parce que j'ons le plaisir de songer à toi.

ANODIN.

Ce serait donc dommage de vous guérir, mes chers enfans ?

PIERROT.

Vous nous la baillez belle. Je n'avons pas besoin d'être enrhumés pour ben nous aimer, voyez-vous.

NICETTE.

Eh mon Dieu, non !

ANODIN.

Vous avez raison. Vous m'intéressez ; mes chers enfans. Tenez, voilà une bouteille de mon eau ; prenez-là, je vous la donne.

NICETTE.

Grand-marci. J'allons nous marier biantôt : vous vianrez à note noce, n'est-ce pas ?

ANODIN.

J'en serai charmé.

NICETTE.

Je demeurons à la Rapée. Vous n'aurez qu'à demander Nicette & Piarrot ; tout le monde nous connaissons.

PIERROT, *tirant Nicette par la manche.*

Vians-t'en, vians-t'en ; courons vîte nous défaire de note Rhume, à cerfin que rian ne nous trouble dans nos amours. De l'ieau ! oh ! oh ! que ça est drôle ! de l'ieau ! (*Il sort en riant niaîsement.*)

NICETTE, *revenant sur ses pas.*

Vous avez donc comme ça bieaucoup d'ieau pour guari les filles ?

ANODIN.

Sans doute.

NICETTE.

C'est bon, c'est bon ; je vous envarrai toutes mes bonnes amies. Vote sarvante, Monsieu le Docteux. Le brave homme ! Il a pitié des pauvres filles. (*Elle sort.*)

ANODIN, *seul.*

Mon eau va les désenrhumer, & le mariage va les guérir de leur amour.

SCÈNE V.

Mde PRINTEMS, Mde MITOUFLET, ANODIN.

Mde PRINTEMS. (*Elle a preſque une extinction de voix.*)

AH! Monſieur, rendez-moi la parole.

Mde MITOUFLET.

Cette maudite Grippe, empêcher une femme de parler! Eh, que deviendrait la ſociété! L'ennui règnerait par-tout. Les hommes, ces petits Meſſieurs ſi fiers, ſi vains, perdraient les trois-quarts de leurs délaſſemens. C'eſt par la converſation que l'eſprit de mon ſexe ſe développe, brille, éclate. Pour moi, je me rends juſtice, & je ne parle jamais.

ANODIN.

Je m'en apperçois en effet. Mais que puis-je pour votre ſervice, Meſdames?

Mde MITOUFLET.

Il s'agit de rendre à Madame, la faculté

de parler, & de me mettre, moi, dans le cas de ne point la perdre. Que deviendrais-je si j'allais être muette! Je vois cependant que c'est un des effets de la Grippe. O la terrible Maladie!

ANODIN.

Les deux cures que vous me demandez sont très-faciles à faire. (*A Mde Printems.*) Comment la Grippe a-t-elle pris à Madame? Vous êtes-vous toujours tenue bien chaudement?

Mde PRINTEMS.

Non.

Mde MITOUFLET.

Madame se conduit pourtant avec beaucoup de prudence. Elle ne refuse jamais les grands soupers, auxquels on l'invite; &, pour se réchauffer l'estomach, elle vous sable sa bouteille de Champagne, & boit ensuite différentes Liqueurs.

ANODIN.

Peste! Quel régime. (*à Mde Printems.*) Vous faites tout cela?

Mde PRINTEMS.

Oui.

Mde MITOUFLET.

Eſt-ce que vous ne connaiſſez pas Madame Printems ? C'eſt la fille de la joie, la mère du plaiſir. Elle aime la danſe à la fureur ; on la rencontre dans tous les Bals ; & ſouvent encore elle paſſe la nuit à jouer.

ANODIN.

Le moyen de n'être pas enrhumée ! Je ne m'étonne plus ſi j'ai un ſi grand débit de mon eau.

Mde PRINTEMS.

Dépêchons-nous.

Mde MITOUFLET.

Mais vous m'interompez toujours ; je puis à peine dire deux mots. Aprenez, Monſieur le Docteur, que je m'appelle Madame Mitouflet, que j'ai ſinguliérement de l'eſprit, & qu'on aurait beaucoup de plaiſir dans le monde à m'entendre, ſi je n'étais extrêmement ſilencieuſe.

ANODIN.

Vous en donnez des preuves, & je vous félicite auſſi de votre humeur modeſte, Madame Mitouflet.

Mde MITOUFLET.

Bon ! Il n'y a que les maris qui doivent être ſans amour-propre ; & vous en comprenez bien la raiſon ?

ANODIN.

A merveille. Voyons votre pouls, Madame Printems.

Mde PRINTEMPS.

Tenez.

ANNODIN, *après lui avoir tâté le pouls.*

Votre enrouement ſe diſſipera bientôt, & vous vous dédommagerez de votre long ſilence.

Mde PRINTEMS, *ſautant de joie.*

Tant mieux, tant mieux !

ANODIN, *après avoir tâté le pouls à Madame Mitouflet.*

O Ciel ! Madame Mitouflet, vous êtes menacée de la Grippe, & vous allez avoir une extinction de voix.

Mde MITOUFLET.

Qu'entens-je !.... Quel malheur !..... Suivez-moi, ma bonne amie ; je ſuis prête à m'évanouïr. Je cours chez moi me renfermer tout le reste de l'hiver. (*Elles sortent.*)

ANODIN, *seul.*

(*Il rit.*) Ah! ah! ah! Je lui ai fait une belle peur. Il serait plaisant que la Grippe la forçât de se taire.... Mais quel vacarme!.... Oh! oh! voilà un singulier malade.

SCÉNE VI.

UN IVROGNE, ANODIN.

L'IVROGNE.

C'EST bien ici la maison.... de la chambre.... que je cherche..... Ainsi, Monsieur l'habit noir .... (*Il appelle.*) Eh! Garçon!

ANODIN.

Que voulez-vous, mon ami?

L'IVROGNE.

Ce que je veux?.... Parbleu, je.... je ne m'en souviens plus. Votre mine lugubre a dérangé la conception..... de ma mémoire..... Cependant je venais chercher quelque chose, &....

ANODIN.

C'était sûrement une bouteille de.....

L'IVROGNE.

M'y voilà. Je savais bien que je m'en ressouviendrais. Oui, une bouteille, je m'en rappelle actuellement. J'ai une mémoire étonnante, sur-tout pour ce qui est de... car.... si....

ANODIN.

Je vais chercher ce qu'il vous faut.

L'IVROGNE.

Et du bon, entens-tu, Monsieur.... Est-ce qu'il n'y a pas une table ici?.... Un honnête homme ne peut en conscience..... (*Il apporte une espèce de guéridon.*) Voilà mon affaire.... je ne suis pas difficile, moi.... (*il s'assied & il appelle.*) Garçon! deux verres: il faut être poli, j'inviterai.....

ANODIN.

Que faites-vous?

L'IVROGNE.

Rien.... rien. Je m'arrange pour être à

mon aiſe.... Aſſeyez-vous là ; nous boirons un coup enſemble.

ANODIN.

Ce n'eſt point ici un cabaret.

L'IVROGNE.

Ne vient-on pas chercher ici des bouteilles ?....

ANODIN.

Oui, d'eau médécinale. Tenez, en voilà une.

L'IVROGNE.

Quoi, ça !... Je te caſſerai ta bouteille ſur la figure.... C'eſt bien à moi qu'il faut donner de l'eau.... je ne bois que de l'eau-de-vie.

ANODIN.

(*A part*). Le maudit ivrogne ! (*Haut.*) Je débite une liqueur excellente pour le rhume.

L'IVROGNE.

Une liqueur, dis-tu, Monſieur le Médecin ?... Oh ! c'eſt différent.... Réparation.... Mais eſt-elle bien forte.... là bien forte... comme pour une petite Maîtreſſe ?

ANODIN.

C'eſt une eſpèce de ſyrop.

L'IVROGNE.

Du ſyrop !... Je crois que tu te moques de moi.... attens, attens, je fais faire une marmelade de toute ta boutique.

(*Il va pour briſer toutes les fioles.*)

ANODIN, *l'arrêtant.*

Eh ! Monſieur, ne me ruinez pas, je vous en ſupplie : je promets de vous guérir gratis de la Grippe.

L'IVROGNE.

Moi, je ne touſſe jamais, pas plus qu'à préſent.... (*Il fait un hoquet*), parce que j'ai ſoin d'humecter avec la liqueur bachique... ce qui fait que l'humidité.... rencontrant la chaleur.... vous comprenez bien ?

ANODIN.

Oh ! ſans doute. (*à part*). Comment pourrai-je m'en défaire ?

L'IVROGNE.

Tout annonne en moi, n'eſt-ce pas, que le vin eſt ma tiſanne & mon ſyrop ?

ANODIN.

Il ſuffit de vous voir pour le ſentir.

L'IVROGNE.

Je ſuis charmé que vous me rendiez juſtice.... Mais je parle ſi long-tems ſans boire que je commence à m'enrhumer... (*Il fait un hoquet.*) Serviteur très-humble : je vais au cabaret avaler une fiole qui vaudra mieux que toutes les vôtres.... par la raiſon que.... les eſprits vineux.... s'entrechoquant avec..... enfin, cela s'entend.... Tu as beau faire la mine, Médecin d'eau douce ; je raiſonne encore mieux que ton Eſculape..... Voyez un peu ce plaiſant viſage, qui veut diſputer que.... oh ! je lui prouverai.... Nous verrons ſi.... (*Il ſort en colère*).

ANODIN, *ſeul.*

M'en voilà donc débarraſſé ! je reſpire. L'inſupportable choſe qu'un ivrogne !

SCÉNE VII.

M. RAFLE, ANODIN.

M. RAFLE, *l'air effaré.*

Je suis saisi de frayeur. Ouf.... Que devenir ? Où me mettre ? Où me cacher ?

ANODIN.

Qu'est-ce qui vous poursuit, Monsieur ?

M. RAFLE.

Hélas ! mes remords, le cri de ma conscience.

ANODIN.

Oh ! oh ! le singulier langage !

M. RAFLE.

Je suis Procureur, & je me nomme Rafle.

ANODIN.

Eh bien ! qu'est-ce qu'un Médecin peut avoir de commun avec les remords d'un Procureur ?

M. RAFLE.

Vous allez le ſavoir.

ANODIN.

Il me tarde d'en être éclairci.

M. RAFLE.

Daignez diſſiper mes vives allarmes ; ſauvez-moi la vie.

ANODIN.

De quoi s'agit-il ? Vous m'épouvantez.

M. RAFLE.

J'ai peine à vous découvrir le ſujet de mes vives inquiétudes.

ANODIN.

Parlez hardiment ; perſonne ne nous écoute.

M. RAFLE.

Allons, il faut donc s'y réſoudre. J'ai réfléchi ſur la toux funeſte qui déſole toute la France ; & ſon nom m'a fait trembler. J'ai penſé qu'on l'appellait la Grippe, parce qu'elle était ſur-tout fatale à ceux qui ont joué..... là.... vous m'entendez bien ?

ANODIN.

ANODIN.

De la griffe, vous voulez dire?

M. RAFLE.

Sans doute. Or, comme Procureur, je ſens le danger qui me menace, &c......

ANODIN, *éclatant de rire.*

Ah! ah! ah! Raſſurez-vous, Monſieur Rafle; ni vous ni vos pareils n'avez rien à redouter: ſi vos craintes étaient fondées, il y a long-tems qu'on ne verrait plus d'Huiſſiers, de Sergens, de Greffiers, de Tailleurs, de.....

M. RAFLE, *lui ſautant au cou.*

Ah! vous me raſſurez pour toujours: que je vous embraſſe un million de fois.

ANODIN.

Doucement donc; vous m'étranglez, Monſieur Rafle.

M. RAFLE.

C'eſt pour redonner du reſſort à mes doigts, que je n'oſais plus faire mouvoir. Au milieu de mes terreurs paniques, je croyais dejà les ſentir dans l'engourdiſſement.

ANODIN.

Que vous allez vous dédommager !

M. RAFLE.

Il eſt tout ſimple de remplir exactement les devoirs de ſa profeſſion...... Mais je n'en reviens pas : pourquoi appeller une maladie ordinaire la Grippe ?

ANODIN.

Parce qu'elle eſt née dans l'étude d'un Procureur ; il y fait froid, le poële n'eſt jamais trop chaud ; les Plaideurs s'y enrhument, & ſur-tout les pauvres Clercs.

M. RAFLE.

En faveur de ſon origine, elle doit nous épargner. Oui, la Grippe eſt une de nos amies : j'aurais bien dû m'en aviſer.

ANODIN.

Son nom devait vous mettre au fait tout de ſuite.

M. RAFLE.

Oh ! ce nom vraiment biſarre m'a cauſé une belle peur. Pluſieurs de mes Confrères éprouvent les mêmes allarmes ; je cours les tranquilifer, & leur apprendre que la Grippe s'eft humanifée parmi nous.

(*Il fort*).

ANODIN, *feul.*

Il ferait à fouhaiter qu'elle épouvantât tous ceux qui fe permettent d'agripper le bien d'autrui.

SCÈNE VIII.

Mlle LOLOTTE, UN VIEILLARD, ANODIN.

LE VIEILLARD.

MONSIEUR Anodin, je voudrais..... (*Il touffe.*) un préfervatif contre le Rhume. Il eft bon de fe garentir du mal qu'on pourrait avoir. (*Il touffe.*)

ANODIN.

Vous prenez vos précautions un peu tard : il me femble que vous touffez très-fort.

LE VIEILLARD.

Ce n'eft qu'une pituite. Comme je fuis

encore un verd-galant, la Grippe n'a point eu de prise sur moi. (*Il tousse & chancèle.*)

LOLOTTE.

Prenez garde, vous allez tomber.

LE VIEILLARD.

Que dites-vous, jolie petite fleur ? Parlez un peu haut; j'entens difficilement de cette oreille. C'est, grace au Ciel, la seule infirmité que j'aie.

LOLOTTE, *criant de toutes ses forces.*

Je dis que vous êtes non-seulement grippé par le Rhume; mais que vous l'êtes encore par les jambes.

LE VIEILLARD.

(*Il rit, & puis il tousse.*) Ah! ah! ah!.... Heu, heu, heu! Elle est drôlette. Procurons-nous le plaisir de la voir à notre aise. (*Il met ses lunettes.*) Ah! friponne! Le joli minois. (*Il tousse.*)

ANODIN.

Eh! Monsieur, pourquoi prétendez-vous dissimuler votre Rhume ? On peut en imposer sur son âge, sur ses vertus, sur son mérite; l'art de la toilette peut embellir certaines femmes ; mais la Grippe, Monsieur, mais la Grippe ne saurait se cacher. Le courtisan tousse comme l'homme du peuple ; la Duchesse tousse comme la simple Bourgeoise. Ainsi cette maladie confond l'orgueil des rangs, & montre que les hommes sont du moins égaux par leurs infirmités.

LE VIEILLARD.

Moi, je n'affecte point de me porter à merveille. Je jouis d'une santé à l'épreuve.

ANODIN.

Il y a comme vous beaucoup de gens par le monde qui font les invulnérables, & qu'une toux indiscrette vient trahir malgré eux.

LOLOTTE.

J'espère que vous me donnerez enfin audience, Monsieur le Médecin.

ANODIN.

Parlez, parlez, ma belle enfant. J'imagine qu'à votre âge on n'a pas de secrets à révéler.

LOLOTTE.

A mon âge ! A mon âge ! Est-ce qu'à

dix ans paſſés on eſt encore un enfant ? M'entendrai-je donc toujours traiter de petite-fille ! Je me flattais que ſi j'avais la Grippe, on me rangerait dans la claſſe des perſonnes raiſonnables, puiſque je ſerais ſujette à la même maladie. Mais maman ne m'a pas plutôt entendue touſſer, qu'elle a dit que j'avais la Coqueluche.

LE VIEILLARD.

C'eſt vous prendre pour un enfant à la bavette.

LOLOTTE.

Je demande à Monſieur le Médecin ſi elle a raiſon ?

ANODIN.

Non vraiment, elle a grand tort ; dites-le lui de ma part.

LOLOTTE.

Que vous me faites de plaiſir ! n'eſt-ce pas qu'elle pourrait me marier bien-tôt ?

LE VIEILLARD.

Pouponne, prenez-moi pour votre mari.

LOLOTTE.

Oh ! Vous ne ſerez jamais ma Coqueluche.

ANODIN.

Eſt-ce que vous avez déja des amoureux ?

LOLLOTTE.

Comment déja ! Il y a long-tems que j'en a trois : mon couſin Louiſet ; notre voiſin l'Avocat ; & mon compère le Commis aux Fermes. J'aime ce dernier beaucoup plus que les autres, parce qu'il me traite comme une grande fille ; & puis il porte l'épée.

LE VIEILLARD.

Eh bien, j'en porterai une auſſi, moi.

LOLOTTE.

Bon ! La vôtre ſerait peut-être rouillée.

LE VIEILLARD.

Elle eſt charmante ! Et comment vous appellez-vous ?

LOLOTTE.

On me nomme Lolotte à la maiſon ; mais ce nom eſt trop enfantin, je veux qu'on m'appelle Mademoiselle Dumont, comme ma grande sœur.

LE VIEILLARD.

Et que fait Monsieur votre père ?

LOLOTTE.

Il est Epicier en gros, & demeure dans cette rue.

LE VIEILLARD.

Eh bien, mignone, je vais dire à vos parens que dans quelques années, je vous prendrai pour ma petite femme.

LOLOTTE.

Bien obligée ; j'ai fait choix d'un mari qui n'a pas besoin de lunettes pour me voir.

LE VIEILLARD.

Elle m'enchante ! .... (*Il tousse.*) Mes humeurs sont ici trop en mouvement ; pour les calmer, je cours rendre visite à la famille de cette jolie pouponne.

(*Il sort en toussant.*)

LOLOTTE.

Voyez un peu ce galant surané ! Vraiment, c'est pour son nez que je suis faite,

Il me prendrait donc pour lui ſervir de béquille. (*Elle ſort en contrefaiſant le Vieillard.*)

ANODIN, *ſeul.*

La petite perſonne eſt furieuſement éveillée. De nos jours, ſur-tout, les enfans s'inſtruiſent de bonne-heure.

SCÈNE IX.

Mde AULNIN, ANODIN.

Mde AULNIN.

MONSIEUR, Monſieur ; je n'en puis plus, je ſuis étourdie, j'ai le timpan briſé: c'eſt un vacarme chez moi, un tintamare affreux. Je crois que j'en ſuis ſourde.

ANODIN.

Eh quoi! Madame, tout votre monde a la Grippe?

Mde AULNIN.

Eh, mon Dieu, non!

ANODIN.

Qui occaſionne donc chez vous ce bruit inſoutenable?

Mde AULNIN.

Hélas, mon mari tout ſeul.

ANODIN.

Le pauvre homme eſt ſans doute furieuſement grippé ?

Mde AULNIN.

Plût au ciel !

ANODIN.

Je ne vous entends pas.

Mde AULNIN.

Je vais m'expliquer. Vous voyez devant vous, Monſieur, une honnête femme, Marchande de draps, demeurant rue Saint-Denis ; je tâche de me faire aimer de mes pratiques, de mes voiſins, de mes garçons, de mes domeſtiques ; mais je ne puis adoucir l'étrange humeur de mon mari ; il crie, il jure, il tempête du matin au ſoir.

ANODIN.

Que voulez-vous que je faſſe à cela, Madame ?

Mde AULNIN.

C'eſt encore un ivrogne, un débauché ;

& vous m'avouerez qu'il eſt bien triſte pour une pauvre femme de n'avoir jamais de conſolation. (*Elle pleure.*)

ANODIN.

Je vous plains ſincèrement ; mais je ne vois pas comment remédier à votre triſte ſort.

Mde AULNIN.

Monſieur le Médecin, je me jette à vos genoux. Par grace, donnez-lui la Grippe.

ANODIN.

Vous n'y penſez pas : je puis ôter cette maladie, & non la faire avoir.

Mde AULNIN.

Comme les Médecins font mourir ſi ſouvent tant d'honnêtes gens, j'ai cru qu'il leur ſerait facile de rendre malade, pendant quelques jours, un méchant homme, que cela corrigerait peut-être.

ANODIN.

Tout ce que je puis pour votre ſervice, c'eſt de vous donner un conſeil. Ecoutez-moi. On a remarqué que les perſonnes qui parlent long-tems avec trop de chaleur, en contractent quelquefois un enrouement qui dégénère en un gros rhume : eh bien, mettez votre mari si souvent en colère, qu'à force de crier contre vous, il attrappe la Grippe.

Mde AULNIN.

Croyez-vous que cela réussisse ?

ANODIN.

N'en doutez pas : c'est pourquoi on voit par le monde tant de maris enrhumés.

Mde AULNIN.

Ainsi, à chaque fois qu'ils toussent, ils doivent songer à leurs femmes & se proposer de les rendre plus heureuses.

ANODIN.

Assurément.

Mde AULNIN.

Mais pourquoi un si grand nombre de femmes ont-elles aussi la Grippe.

ANODIN.

Belle demande ! c'est parce qu'elles sont contraintes de crier du soir au matin, contre l'humeur récalcitrante de leurs époux.

Mde AULNIN.

Oh ! puiſqu'on doit entendre touſſer tous les gens mariés qui ſont mécontens, ne ſoyons point ſurpris que le Rhume ſoit univerſel.

ANODIN.

Oui, oui, Madame, mettez votre mari ſur le ton des autres ; excitez ſouvent en lui des tranſports de colère ; & ſoyez certaine que vous vous trouverez très-bien de l'avis que je vous donne.

Mde AULNIN.

L'excellent conſeil ! Allons promtement en tirer parti. (*Elle ſort.*)

ANODIN, *ſeul.*

Ce qu'il faut conclure de ma plaiſanterie, c'eſt que la paix & la concorde doivent régner dans les ménages, ſur-tout, en hiver.

SCÈNE X.

SANDIS, ANODIN.

SANDIS.

MONSU lé Médécin, boſtre pétit ſerbitur. Je n'ai plus qu'eſpérance en bous.

ANODIN.

Tous les ſecours de mon art ſont à votre ſervice.

SANDIS.

Cadédis, c'eſt cé qué jé mé ſuis dit. Bous abez un rémède immanquavle pour la Grippe, n'eſt-cé pas?

ANODIN.

Oui, Monſieur. (*A part.*) voilà une bonne pratique.

SANDIS.

Il ſé préſente uné cure qui bous féra lé plus grand honneur.

ANODIN.

(*A part.*) Je ne me trompais pas. (*Haut.*)

Nous autres grands Médecins, nous sommes ravis de trouver des maladies désespérées.

SANDIS.

Jé bais bous conter la chose. Jé suis lé Chébalier dé Sandis, aussi connu par ses richesses qué par sa naissance & sa balur.

ANODIN.

(*A part.*) Tant mieux, il ne marchandera point. (*Haut.*) Après ? Je vous écoute, Monsieur le Chevalier.

SANDIS.

Comme il faut sé présenter décemment dans lé monde, jé mé suis fait faire, il y a six mois, trois havits magnifiques, & j'empruntai d'un honnête usurier la somme dé cent cinquante louis.

ANODIN.

Quel rapport tout cela peut-il avoir à votre maladie ?

SANDIS.

Tout-à-l'hure. Il m'a fallu faire des villets d'honnur. Jé comptais récéboir dé l'argent du pays; la bieille Marquise dé

Croupillac débait mé mettre en fonds. D'un autre côté, jé......

ANODIN.

Mais au fait, Monſieur le Chevalier, au fait.

SANDIS.

Eh donc ! j'y ſuis. Bous êtes bif, ſandis, bous êtes bif. Rédouvlez d'attention. Jé mé flattais auſſi qué les velles & lé jeu s'empreſſéraient dé mé remplir ma vourſe ; mais jé mé bois trahi, noyé, ruiné ; ceux qui mé doibent, mé démandent du tems ; & ceux qui né mé doibent rien, mé promettent.....

ANODIN.

Plus je vous écoute, moins je conçois tous vos diſcours. Venez donc à votre maladie.

SANDIS.

M'y boilà, m'y boilà ; n'ayant pu acquitter mes dettes d'honnur....

ANODIN.

Je commence à vous entendre. Les ſoins que vous vous êtes donnés, les courſes que vous avez faites, vous ont cauſé un gros rhume.

SANDIS.

SANDIS.

Eh Sandis! bous n'y êtes pas. Au moment où jé bous parle, un Huissier m'attend chez moi, pour mé gripper.

ANODIN.

J'en suis fâché ; je n'ai point de remède pour cette grippe-là.

SANDIS.

Pardonnez-moi, bous en abez. Cetté cure est difficile, j'en conbiens ; mais elle mettra lé comvle à botre gloire. Prêtez-moi seulement trois ou quatre mille libres ; & jé bous fais passer dans Paris pour lé plus avile Médécin.

ANODIN.

Je suis sans ambition.

SANDIS.

Considérais, jé bous prie, lé serbice qué jé bous rendrais.

ANODIN.

Je n'en doute pas ; mais je ne puis me procurer vos bons offices.

SANDIS.

Jé bous ai déja dit qué la chose est très-possible. Abec un peu d'argent comptant bous acquérez un rénom considéravle.

ANODIN.

Je ne suis point tenté d'éprouver votre secret.

SANDIS.

Mais songez donc à céci : on débrait payer pour sé faire prôner dans lé monde, dé même qu'on achéte uné charge pour s'attirer dé la considération.

ANODIN.

Tous vos beaux raisonnemens ne sauraient me séduire.

SANDIS.

Jé bois vien qué bous êtes indigne dé la protection du Chébalier dé Sandis. Jé bous vaille le von jour. Eh, eh, eh ! (*Il rit*). Jé n'aurai pas dé peine à trouver un Médécin plus habile qué bous. Eh, eh, eh, eh !

(*Il sort en riant*).

ANODIN, *seul*.

La peste du Gascon ! il s'imaginait que j'allais lui prêter de l'argent.

SCÈNE XI.

GROS-GÉNIE, ANODIN.

GROS-GÉNIE. (*Il arrive en ſautant de joie.*)

MA fortune eſt faite, & je ſuis immortaliſé.

ANODIN.

Que vous eſt-il donc arrivé, Monſieur Gros-Génie, grand Muſicien, fameux Compoſiteur?

GROS-GÉNIE.

Me voilà couvert de gloire; & mon nom doit effacer les noms les plus célèbres.

ANODIN.

L'un de vos Opéra ne ſerait-il tombé qu'à la troiſième repréſentation?

GROS-GÉNIE.

C'eſt bien autre choſe, vraiment.

ANODIN.

Par un plagiat heureux, & que vous êtes certain qui ne ſera jamais découvert, auriez-vous transſporté ſur notre ſcène quelque chef-d'œuvre Italien.

GROS-GÉNIE.

Bagatelle que cela.

ANODIN.

Faites-moi part du ſujet de votre joie & de votre enthouſiaſme. Je brûle de joindre mes applaudiſſemens à ceux que vous allez recevoir.

GROS-GÉNIE.

Les éloges vont pleuvoir ſur moi de tous côtés. Il m'eſt venu l'idée la plus heureuſe, la plus ſublime.

ANODIN.

Dites-moi vîte ce que c'eſt : vous connaiſſez mon amitié pour vous.

GROS-GÉNIE.

Je veux auſſi que vous ſoyez le premier témoin de ma gloire. Vous allez voir, vous allez admirer les efforts de mon génie.

ANODIN.

Satisfaites mon impatience.

GROS-GÉNIE.

Je ne demande pas mieux. J'entre en matière..... ne perdez pas un ſeul mot.

ANODIN.

Je n'ai garde.

GROS-GÉNIE.

Vous ſavez que tous les jours le Public ſe plaint d'être privé d'excellens Acteurs, qui, pour cauſe de maladies, ne peuvent de long-tems contribuer à ſes plaiſirs ?

ANODIN.

Oui. Eh bien ?

GROS-GÉNIE.

Vous ſavez que d'habiles Danſeurs ſont chaque jour forcés d'interrompre leurs ſuccès, & de garder la chambre, parce qu'ils ſe ſont donnés une entorſe, ou qu'ils ont quelqu'autre indiſpoſition ?

ANODIN.

A quoi en voulez-vous venir ?

GROS-GÉNIE.

Un moment. Vous ſavez que les meilleurs Chanteurs & les plus belles voix ſont ſujets à de gros rhumes, qui les contraignent de suspendre leur mélodie pendant plusieurs mois, au grand regret du Public ?

ANODIN, *impatienté.*

Mais vous ne m'apprenez rien de nouveau.

GROS-GÉNIE.

Voici maintenant ce que vous ne savez pas. J'ai trouvé le moyen de faire toujours paraître ces excellens Virtuoses, & de leur ôter le prétexte des maladies, dont ils se servent quelquefois.

ANODIN.

Comment ferez-vous pour cela ?

GROS-GÉNIE.

J'ai composé une Musique expressive, qu'ils chanteront en cas de rhume, & j'ai fait des airs de danse pour les goutteux & les paralytiques.

ANODIN.

L'idée est neuve & bisarre.

GROS-GÉNIE.

Ajoutez qu'elle est fort utile. Nos Spectacles ne languiront plus, faute des premiers Sujets ; les Auteurs, débarrassés de la crainte de voir leurs Pièces mal jouées en certains tems, travailleront avec plus d'ardeur, & feront de meilleurs ouvrages.

ANODIN.

Mais comment remédiez-vous au rhume des Acteurs ?

GROS-GÉNIE.

Par le moyen de ma Musique, ils tousseront en cadence ; & c'est une nouvelle perfection que j'ajoûte à leur art.

(*On entend un grand nombre de Tousseurs.*)

ANODIN.

Quel charivari ! Est-ce que tous les catarres se sont donnés rendez-vous dans mon antichambre ?

GROS-GÉNIE.

Ce sont les personnes que j'ai rassemblées pour vous montrer un échantillon de mon savoir faire. Entrez Messieurs & Mesdemoiselles ; venez exécuter ici la contredanse de la Gripe.

SCÈNE DERNIÈRE.

DIVERTISSEMENT.

Plusieurs personnes exécutent, en toussant en mesure, une danse qui doit être très-plaisante. Deux Goutteux, attachés dans leur fauteuil, forment les principales entrées, &c. &c. &c.

Lu & Approuvé, ce 25 Janvier 1776. CRÉBILLON.

Vu l'Approbation, permis d'imprimer ce 26 Janvier 1776.

ALBERT.

RÉFLEXIONS

SINGULIÈRES

D'un Auteur qui n'a point la Grippe, & qui ſouhaite que le Lecteur ſoit de même.

La bonté de mon tempérament m'a ſans doute garanti de la Grippe. On dit qu'un habile Médecin de Paris, grand obſervateur de la Nature, s'eſt obligé de faire quatre-cens livres de rente à celui qui prouverait à la fin de l'hiver, qu'il a ſu ſe préſerver du rhume épidémique. Je me mets ſur les rangs pour briguer cette penſion viagère, & je me flatte de l'emporter ſur le petit nombre de mes concurrens. Mais l'intérêt n'eſt pas le ſeul motif qui me porte à déclarer ici que, juſqu'à préſent, je n'ai point été attaqué de la Grippe. Je ſuis animé par un deſir bien plus noble : je l'avouerai, avec cette abondance d'amour-propre, ſi naturelle actuellement dans mes confrères les Gens-de-Lettres, je me propose de prouver que, puisque je n'ai point eu la maladie à la mode, j'ai beaucoup plus d'esprit & de raison que n'en ont tous ensemble les habitans de la France, ma chère patrie. Ce que je dis-là, va paraître d'une impertinence à faire pitié. Je serai blâmé, sur-tout, de ceux qui ne se donnent jamais la peine de rien approfondir, qui parlent de tout, sans rien savoir, & qui en imposent par l'air d'assurance avec lequel ils prononcent...... Un moment, Messieurs, daignez écouter ma défense avant de me condamner.

Je ne vous alléguerai point, qu'il est bien injuste de m'interdire quelques grains de vanité, tandis que vous souffrez que la plûpart des Ecrivains s'enflent, s'enflent aux yeux de leurs Lecteurs d'une manière prodigieuse. Qui ne rirait, par exemple, de tant de nains dramatiques, qui, jettant la tête en arrière, se boursouflant les joues, se dressant sur le bout du pied, crient de toutes leurs forces : — « Nous sommes de » très-grands personnages ». — Mais laissons ces nouveaux Charlatans grimper sur des tréteaux, pour débiter leurs drogues ; j'ai vraiment de bien meilleures raisons à vous dire.

Il s'agit de vous démontrer l'excellence de mon mon esprit & de ma judiciaire, afin que vous profitiez davantage des Réflexions que vous allez lire. Je me glorifiais tout-à-l'heure de n'avoir point eu le rhume épidémique, & voici pourquoi je me crois en droit d'en tirer singuliérement vanité. Les seuls effets de la Grippe, connus du vulgaire, sont la toux & la fièvre; mais si les influences physiques de cette maladie nous causent de légères indispositions, elle agit au moral d'une manière beaucoup plus considérable. Je m'explique. D'où peuvent provenir les nombreuses inconséquences dans lesquelles tombent chaque jour les différens ordres de la Société? J'en découvre l'abondante source dans une maladie épidémique, qui, dérangeant insensiblement nos organes, parvient à troubler nos facultés intellectuelles, & jette les Français dans des écarts agréables & nuisibles. Or, quelle est la maladie qui règne le plus communément parmi nous, fomentée par le froid & le chaud, que nous éprouvons tour-à-tour? N'est-ce pas ce catarre incommode, triste appanage du coin du globe où nous somme relégués; n'est-ce pas cette toux périodique, à laquelle on donne en France de si jolis noms, avec la même gaîté qu'on s'y console par une chanson ou par une épigramme des évènemens les plus malheureux ? Comme on prévoit la conséquence que j'ai dessein de tirer, je me dispense de conclure dans les règles mon argument : je m'écrierai seulement ici, en envisageant nos corps cacochimes & la folie de nos actions : ô *Grippe !* ô *Folette !* que tu déranges de santés, que tu tournes de têtes en France !

L'heureuse température du climat qu'habitent les Asiastiques, éloigne loin d'eux les rhumes & les fluxions ; aussi leurs moeurs & leurs usages sont-ils toujours les mêmes. On ne les voit point inventer des modes bisarres, porter tantôt des robes trop longues, tantôt des robes trop courtes ; s'enfoncer un jour le turban jusqu'aux oreilles, & le lendemain s'en couvrir à peine le sommet de la tête. Leurs Artistes n'ont garde de faire les plus grands efforts d'imagination pour inventer des colifichets. L'Architecte, au lieu de bâtimens commodes & utiles, ne construit point de vrais châteaux de cartes, jolis bijoux, entourés de fuseaux, qu'on appelle des colonnes. Le brillant pinceau de leurs Peintres ne produit point des tableaux qui ressemblent à l'arc-en-ciel, par la variété des couleurs, ou qui paroissent autant de prismes qui réfléchissent les rayons du Soleil. Leurs Auteurs sont loin de s'injurier dans les Journaux, de compiler, compiler, & de redonner sous un autre titre ce qu'on a déja lu vingt fois. Le Petit-Maître Turc ou Persan, Indien ou Chinois, dédaigne d'afficher le libertinage, & d'entretenir publiquement une Cantatrice effrontée.

Mais en France, où l'intempérie des saisons amène la Grippe, qui influe plus qu'on ne croit sur les mœurs, dans combien de travers ne se fait-on pas gloire de donner? Je ne veux en faire observer que trois ou quatre, afin de respecter les occupations importantes de mes Lecteurs: cette production frivole peut tomber entre les mains d'une jolie femme, ou sera parcourue par un de ces êtres délicats, jolie machine organisée, qui n'a de l'homme que la seule apparence, & qu'on désigne par l'épithète d'*agréable*. Je ne veux point m'attirer le reproche de leur faire perdre en vain des momens précieux : l'une destine peut-être plusieurs heures à sa toilette, ou pour disserter sur une mode nouvelle ; & l'autre se prépare peut-être à voler au foyer de la Comédie Française, pour y persifler les Actrices, & pour dire en pirouettant son avis sur une Pièce, dont il n'a pu voir représenter que deux actes...... Eh vîte, ménageons les instans de mes Lecteurs, aussi sérieusement occupés.

Chez nous, si tel Seigneur, tel Financier craint de faire bon ménage avec sa femme, parce que cela serait trop bourgeois, & vit, aux yeux de tout le monde, avec une fille de théâtre, dont il achète, par toute sa fortune, les faveurs intéressées ; la Dame de son côté ne prend pas plus de précaution pour cacher ses désordres ; l'amant d'aujourd'hui, & celui qu'elle doit préférer demain, sont aussi connus du Public que la jolie Nymphe qui endort dans les plaisirs & ruine Monsieur son époux. Cependant vous entendez quelquefois parler dans le monde de *bienséance*, de *mœurs*, d'*honnêteté* ; ne vous y trompez pas au moins : on est, en général, aussi hypocrite qu'une jeune beauté, soi-disante Agnès, qui n'affecte jamais tant de pudeur & de ſageſſe, que lorſqu'elle les a perdues en ſecret......

Ma foi, il ſerait trop long de vous détailler les principaux écarts & quelques-unes des inconſéquences de nos aimables Français, auxquels les rhumes épidémiques ont donné lieu. Je me hâte d'en venir au ſujet important que je me propoſe d'effleurer, & avec bien de la légéreté encore; je dis d'*effleurer*; car de nos jours, pour être à la mode, on ne fait plus qu'eſquiſſer la Littérature, l'étude, le ſentiment; il eſt ſurtout du bon-ton de rendre compte comme en ſe jouant d'un procès fâcheux qu'on nous ſuſcite, & d'accabler de ſarcaſmes, de déchirer en riant ſes parties adverſes, au lieu de dire de bonnes raiſons.

Les Spectacles ſe reſſentent le plus de l'influence de la Grippe, occaſionnée trop ſouvent par la chaleur paſſagère des Tragédies *du jour*, ainſi que par les huées convulſives qu'excitent certaines Pieces nouvelles; & il eſt bien naturel que cette épidémie faſſe les plus grands ravages dans le centre de ſon empire. Je n'entens point parler ici de la toux inſupportable & de cette Pituite froide qui fait tant moucher

& cracher, & dont on eſt étourdi aux repréſentations des Drames glacés de R***, & aux plaiſanteries inſipides des Pièces de B***; je prétens entretenir le Lecteur d'objets moins communs (ſi toutefois il a la patience de me lire) & faire rapidement paſſer en revue toutes les différentes cauſes qui contribuent à la décadence du Tréâtre Français. Voici le moment où je vais détailler des inconſéquences étonnantes. O bien-heureuſe notre Nation ſi elle n'avait jamais eu la Grippe !

Vous avez peut-être quelquelques diſpoſitions pour le genre Dramatique, me diſait l'autre jour un ami ſans doute trop indulgent; pourquoi ne travaillez-vous pas pour les grands Théâtres de la Capitale ? Les Comédiens Italiens manquent de Piéces, puiſqu'ils ſont contraints de jouer celles de **** (*a*); & les Français végètent triſtement dans un petit nombre de nouveautés, qui paraiſſent toutes calquées ſur le même modèle, excepté *le Barbier de Séville*, qui ne reſſemble à rien,

(*a*) Que votre eſprit, Lecteur, perce à travers ces voiles,
Et découvre le nom que cache ces étoiles.

quoique

quoique ſon Auteur ſe ſoit aviſé de tout. On pourrait faire une ample moiſſon de lauriers dans cette carrière où l'on ne fait plus que glaner. Evertuez-vous donc comme les autres ; livrez-vous au feu Poétique & aux douceurs de l'eſpérance : le ſuccès couronnera peut-être vos travaux. Je vous crois appellé ſur-tout à marcher ſur les pas de la riante Thalie. — Je ne puis ſuivre vos généreux conſeils. — Quel obſtacle s'y oppoſe ? — Je ne ſuis point aſſez riche. — Et depuis quand faut-il que les Poètes Dramatiques roulent Carroſſe ? Il me ſemble, au contraire, qu'une noble indigence les excite davantage au travail. — Cela pouvait être autrefois ; mais les tems ſont changés. — Je ne vous conçois pas. — Je vois bien que vous ignorez l'empire que les Comédiens exercent ſur les talens Littéraires. Apprenez donc qu'ils ouvrent à leur gré la barrière du Théâtre. Pour peu qu'un Auteur leur ſoit inconnu, ils ne manquent pas de vous l'éconduire, bien poliment, à la vérité ; mais enfin l'Auteur n'en eſt pas moins éconduit, & ne perd pas moins ſans retour le fruit de ſon travail.—Mais cette Inquiſition ne s'exerce, ſans doute, qu'à l'égard d'un jeune homme, tout-à-fait novice dans la Littérature? Il eſt, en effet, à préſumer que ſon Ouvrage peut être pitoyable ; & Meſſieurs les Comédiens dédaignent de prendre la peine de s'élever au-deſſus des préjugés? — Point du tout ; l'Écrivain le plus célèbre éprouverait leur redoutable Juriſdiction ; *Buffon* même ſerait obligé de ſe ſoumettre aux Arrêts du Sénat Comique. — Vous me confondez. On préfère donc le Comédien au Poète? Maître Jean qui montre à ſiffler à ſa Linotte, eſt loin de s'imaginer qu'elle ſoit d'une eſpèce ſupérieure à la ſienne. — On ne tombe point encore dans une inconſéquence auſſi ridicule ; on protége, on eſtime les Lettres ; mais le Poète Dramatique, s'il veut obtenir les honneurs de la repréſentation, n'en eſt pas moins obligé de ramper aux pieds de *Noſſeigneurs les Comediens* ; car c'eſt ainſi que nous devrions les appeller, puiſqu'ils ſont, en effet, nos Seigneurs & Maîtres — Quel étrange abus! On ne s'eſt point encore aviſé de mander une troupe de Maçons & de Manœuvres, pour juger le plan d'un Architecte. — Non, tous les Arts jouïssent en France de la noblesse de leurs priviléges ; il n'y a que la Littérature, cet aliment des ames, qu'on laisse languir sous mille entraves. La Poésie Dramatique, cette plus belle partie des Lettres, est sur-tout en proie au déspotisme & à l'ignorance. Représentons-nous un moment l'Aréopage Comique assemblé pour décider du sort d'une Pièce nouvelle. Quels sont ses respectables Juges ? J'apperçois, dans le nombre de ceux qui doivent donner leur voix, des femmes jeunes & charmantes ; & leur mine friponne annonce qu'elles connaissent beaucoup plus le Code de Cythère, que la Poétique d'Aristote. Encore quels sont les sentimens qui agitent le grave Sénat, & quelle attention prête-t-il au pauvre Auteur, assis sur la sellette ? Chacun ne s'occupe guères qu'à remarquer si le rôle qui lui est destiné est bon ou mauvais ; & cet examen fait admettre ou exclure la Pièce. Pour les Dames, elles n'écoutent que nonchalamment, s'entretiennent entr'elles de mode, de parure, de pompons, & rient tout bas de leurs galantes avantures, ou de l'air embarrassé de Monsieur le Poète Dramatique. Voilà quels sont les juges des Pièces nouvelles, qui ne sont jamais jouées que sous le bon plaisir de Nosseigneurs les Comédiens. — Croirait-on qu'un tel abus subsiste en France dans le dix-huitième siècle? N'en doutons pas, la Postérité en rira, comme de l'enthousiasme qu'excitent de nos jours les Ariettes. — Mais en attendant les regards favorables de la Postérité, le Théâtre languit; car il est à présumer que s'il existe actuellement trois ou quatre bons Poètes Dramatiques, il y en aurait bien davantage sans l'avilissement où ils craignent de tomber. — Mais si l'homme à talens qui dédaigne de briguer, à force de courbettes, la gloire de paraître avec éclat sur la Scène, est vraiment animé par le Génie, comment peut-il en modérer les élans; & s'il est forcé de s'y livrer, que deviennent ses productions? — Il travaille pour les Spectacles des Provinces, ou pour les Théâtres de société. Quoi qu'en disent les Parisiens, qui s'imaginent bonnement qu'on n'a le sens commun que dans leur Ville, &

qu'on ne fait que végéter ailleurs, il eſt auſſi flatteur d'être applaudi à Lyon, à Bordeaux, &c. que par ce qu'on appelle les connaiſſeurs de la Capitale. Je croirais même que les ſuffrages qu'on y obtient ſatisfont davantage la noble ambition des Auteurs, que ceux qui ſont enlevés dans Paris, où tout eſt mode, enthouſiaſme & cabale. — Vous avez raiſon ; mais on n'en eſt pas moins ſenſible à la gloire de briller ſur les premiers Théâtres de la Capitale, regardés juſtement comme les premiers de l'Europe. — Ils ont preſque entièrement perdu la conſidération qu'ils s'étaient acquiſe. Le petit nombre des bonnes Pièces, & la ſtérilité forcée des Poètes Français, leur raviſſent l'eſtime générale. D'ailleurs, pour qu'un Théâtre fût réellement diſtingué au-deſſus des autres, il faudrait qu'on n'y donnât que des Ouvrages excellens. Ce ſerait alors qu'il y aurait un véritable honneur à s'y voir admis. Mais comme le médiocre ſe montre très-ſouvent à la Comédie Françaiſe & à l'Opéra-Comique, autant vaut paraître ſur la Scène mépriſée de *Nicolet*. B***. n'a-t-il pas été ſifflé dans l'Hôtel de la Troupe du Roi, & le petit *** dans celui de Bourgogne ? Que leur ſerait-il revenu de moins ſur les Tréteaux de la Foire ? — Mais les Acteurs de ces Théâtres auxquels on attribue la primauté, ſont aumoins remplis de tous les talens qu'exigent leur profeſſion ; ainſi l'on ne peut leur refuſer quelque eſtime. — J'en conviens, la plupart d'entr'eux, par leur mérite perſonnel, autant que par leur art inimitable à rendre la nature, ſont dignes de la conſidération dont ils jouïſſent. Il ne leur reſte plus, pour mettre le comble à leur gloire, & pour s'aſſurer à jamais l'eſtime des honnêtes gens ; il ne leur reſte plus, dis-je, qu'à ſentir combien ils ſont déplacés en jugeant les Poèmes Dramatiques, qu'ils ſont faits ſeulement pour repréſenter. Qu'ils aient le courage de mettre les choſes dans l'ordre, qu'ils demandent eux-mêmes que l'Académie Françaiſe ſoit chargée d'un examen qui ne peut leur convenir : alors les Gens-de-Lettres verraient en eux des amis, & non de petits tyrans ; & le Public applaudirait à la nobleſſe de leur procédé. Cette démarche que je desire dans des Acteurs qui ont trop de sensibilité & de délicatesse pour ne pas connaître combien elle les honorerait, & combien elle encouragerait la Littérature avilie ; cette utile démarche serait déjà faite, ou ne tarderait point à se faire, sans l'espèce de vertige qui règne en France, & auquel la Grippe a donné lieu. — Il est bon cependant d'observer que si l'Académie Française se trouvait obligée de prononcer sur le mérite des Pièces de Théâtre, son goût serait quelquefois compromis, lorsqu'on viendrait à siffler les Drames qui auraient obtenus son suffrage. — Cette objection n'est pas difficile à détruire. Les jugemens des hommes les plus éclairés étant souvent incertains, & telle Pièce ne pouvant être bien appréciée qu'à la représentation, il serait injuste que son mauvais succès retombât sur les personnes qui l'auraient jugées dignes du Théâtre. — Vous m'avez persuadé, & je conviens avec vous que la Scène Française a besoin de grands changemens (*a*). —

(*a*) M. du Rosoi, propose à la fin de ses *Réflexions sur*

Telle fut la conversation que j'eus avec un de mes amis ; elle est un peu sérieuse, j'en suis fâché : l'ame s'égaie quelquefois en songeant aux folies de l'espèce humaine ; mais on ne rit pas toujours lorsqu'on s'en entretient. Quoique j'aie facilement fait entendre raison à mon ami, du moins ne ressemble-t-il pas à cet imbécile d'Interlocuteur, trop stupide pour admirer sincérement, M. de Voltaire, & à qui le Zoïle Cl*** persuade les choses les plus absurdes.

Il est encore beaucoup d'autres abus qui nuisent à la Littérature. J'ai passé en revue les principaux ; il ne me reste qu'à garder le silence, & qu'à souhaiter que la Grippe n'ait pas toujours des effets aussi funestes.

---

le Drame-Lyque, que les Pièces soient lues publiquement avant que d'être admises au Théâtre. Mais il n'a pas pris garde qu'elles paraîtraient toutes bonnes à cette lecture, où la cabale, l'intrigue & la prévention, auraient si beau jeu. Il faut le silence du cabinet, & un petit nombre de juges, pour apprécier le mérite des Poèmes Dramatiques.

Je ne puis cependant réſiſter à la tentation de dire, en finiſſant, un petit mot ſur deux nouvelles inconſéquences Littéraires. Meſſieurs les Auteurs à l'humeur cauſtique & mordante, qui ſe permettent de critiquer ſouvent leurs confrères à tort & à travers, ſont ſi chatouilleux ſur l'article de l'amour-propre, que lorſqu'on lâche en leur intention quelque plaiſanterie, ils regimbent & crient qu'on viole à leur égard le droit des gens.... Eh, là, là, Meſſieurs, tout doucement; puiſque vous vous évertuez malignement ſur le compte d'autrui, ne devez-vous pas vous attendre à la pareille ? Vous uſez votre plume juſqu'au tronçon pour médire ſpirituellement de vos adverſaires; ſouffrez qu'ils uſent ſeulement le bec de la leur pour écrire à votre ſujet un innocent badinage.

Je viens à la dernière inconſéquence que j'ai cru remarquer dans la Littérature, & j'avoue qu'elle eſt un peu délicate à relever. Mais je compte ſur l'indulgence du Corps célèbre & reſpectable à qui je vais avoir l'honneur d'adreſſer ici la parole: — « Illuſtre Accadémie-Françaiſe, vous cher-

» chez tous les moyens de donner un nou-
» vel éclat aux Lettres, & de présenter la
» gloire aux jeunes Athelettes qui vien-
» nent briguer vos Prix ; mais vous n'avez
» point fait attention que l'homme à ta-
» lens retenu par la modestie, & qui n'ose
» entrer dans la lice, peut être soupçonné
» d'avoir combattu sans le moindre suc-
» cès, par le silence que vous gardez sur
» tous les concurrens. Il serait donc de vo-
» tre justice de les nommer tous en cou-
» ronnant le vainqueur : par ce moyen vous
» encourageriez la foule qui n'obtient au-
» cune palme, & qui serait fière d'être
» nommée dans le sanctuaire des Lettres ;
» & vous empêcheriez ceux qui ont resté
» hors de la barrière, d'être confondus
» avec les combattans ».

Je termine enfin mes longues réflexions, que certaines personnes trouveront bien ennuyeuses.

Puisque la Grippe occasionne des désordres en tous genres, n'ai-je pas raison de me glorifier de ne l'avoir point encore eue cet hiver, & de prétendre non-seulement à la rente viagère de quatre-cents livres, promiſe par un habile Médecin de Paris ; mais de demander en outre que mon front ſoit couronné de lauriers ?.... Sauf à mes Antagoniſtes à prouver que ce n'eſt pas tout-à-fait du laurier qu'il me faut, & à me contraindre de partager avec eux leur biſarre couronne.

Lu & Approuvé : ce 27 Janvier 1776.

CRÉBILLON.

www.ingramcontent.com/pod-product-compliance
Ingram Content Group UK Ltd.
Pitfield, Milton Keynes, MK11 3LW, UK
UKHW020947180726
13838UKWH00003B/1175

9 782329 318530